Ein

Felix & Theo

Einer singt falsch

Leichte Lektüren
Deutsch als Fremdsprache in drei Stufen
Einer singt falsch *Stufe 2*

Dieses Werk folgt der neuen Rechtschreibung
entsprechend den amtlichen Richtlinien.

© 1993 by Langenscheidt KG, Berlin und München
Druck: Druckhaus Langenscheidt, Berlin
Printed in Germany
ISBN 3-468-49687-7

7 8 9 10 * 2004 2003 2002

„ba ba baluna di ba ba bum" (Elvis Presley)

Die Hauptpersonen dieser Geschichte sind:

Helmut Müller, Privatdetektiv, der bei diesem Fall wieder seine Liebe zur Bluesmusik entdeckt.

Bea Braun, Sekretärin von Müller, vertraut ganz ihrem weiblichen Instinkt.

Udo Buchental, das Idol der deutschen Popmusik, enttäuscht seine Fans und singt nicht mehr.

Claudia Hell, Udos Freundin, richtet sich auf ein Leben ohne Udo ein.

Klaus Schreier, Entdecker und Agent des Popsängers, macht sich Sorgen um sein Geld.

Ricky Berg, Chef und Besitzer der Plattenfirma RICKYRECORDS, will mit Udo Buchental viel Geld verdienen.

BBB, Berlin Blues Band. Früher war Udo B. dort Sänger, aber dann kam alles anders ...

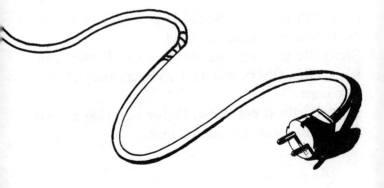

1

„Unglaublich, wirklich unglaublich. Haben Sie das in der Zeitung gelesen, Bea? Wirklich, zu komisch. Sachen passieren in der Welt, also nein!" Helmut Müller sitzt an seinem Schreibtisch und lacht.

„Was denn, Chef? Welchen Artikel meinen Sie?"

„Den hier, über das Rockkonzert gestern. Lesen Sie nur, hier."

ROCKSÄNGER VERSCHWUNDEN

dpa 6.7. Tausende von Fans warteten umsonst in der Waldbühne[1] in Berlin auf ihren Rockstar Udo Buchental.

Das Konzert musste ausfallen, weil der berühmte Sänger nicht da war. Udo B. ist seit gestern Nachmittag verschwunden. Keiner weiß, wo er ist. Sein Agent, Klaus Schreier, hat ihn gestern Vormittag zum letzten Mal gesehen. Laut Auskunft des Veranstalters wird Udo B. seit gestern Vormittag vermisst.

Bea Braun liest den Artikel. „Udo Buchental? Oh, wie schrecklich! Das ist mein Lieblingssänger! Hoffentlich ist ihm nichts passiert."

Helmut Müller lacht. „Ach was! Wahrscheinlich hatte der einfach keine Lust."

„Oder jemand hat ihn entführt! Erpressung! Menschenraub, Mord! Schrecklich ..."

Bea ist ganz aufgeregt.

„Das ist ein Fall für uns! Wir müssen etwas tun. Stellen Sie sich vor, wir finden Udo Buchental, und alle Zeitungen schreiben dann:

„Das berühmte Detektiv-Team Müller & Braun befreit entführten Rocksänger. Erpresser verhaftet!"

„Aber Bea! Erstens sind wir nicht berühmt und zweitens arbeiten wir nicht ohne Bezahlung. Also Schluss jetzt. Übrigens, wollen wir heute Mittag zusammen essen? Ich bin mit einem Herrn Schreier im Restaurant Hardtke verabredet. Dieser Herr Schreier hat heute früh angerufen. Hoffentlich bekommen wir einen neuen Fall. Wir können einen neuen Fall gebrauchen. Unsere Kasse ist fast leer und nächste Woche müssen wir die Miete zahlen."

„Wahrscheinlich wieder so ein langweiliger Fall von Ehescheidung", sagt Bea.

„Langweilig vielleicht, aber mit Bezahlung! Also, kommen Sie mit?"

„Natürlich, gern. Ich habe jetzt schon Hunger."

Bea geht wieder in ihr Zimmer. Sie nimmt die Zeitung mit, weil sie noch einmal den Artikel über den Rocksänger lesen will.

„Heißt der Mann nicht Schreier?"

„Ja, warum?"

„Weil der Agent von Udo Buchental auch Schreier heißt! Mensch, wir werden doch noch berühmt", sagt Bea lächelnd.

„Aber Bea! Schauen Sie mal in ein Telefonbuch. Da können Sie sehen, wie viele Leute Schreier heißen. Mindestens hundert."

2

Das Restaurant Hardkte ist nicht weit von Müllers Büro. Helmut Müller und Bea Braun gehen zu Fuß. Nach zehn Minuten sind sie da. Ein Kellner fragt, ob sie einen Tisch reserviert haben.

Müller antwortet: „Ja, wir haben auf den Namen Müller reserviert. Für drei Personen. Wir sind mit einem Herrn Schreier verabredet."

„Ja, richtig", sagt der Kellner, „der Herr ist schon da. Kommen Sie."

Bea ist ganz neugierig. Vielleicht ist es ja doch der Agent des Rocksängers ...

Der Kellner führt die beiden an einen Tisch im hinteren Teil des Restaurants. Dort sitzt ein Mann von etwa 40 Jahren. Er hat lange, dunkle Haare und trägt einen modernen, sehr eleganten Anzug. ‚Bestimmt ein Modell aus Frankreich oder Italien!', denkt Bea.

„Guten Tag, Herr Schreier. Mein Name ist Müller. Wir haben heute früh zusammen telefoniert. Darf ich Ihnen meine Assistentin vorstellen, Frau Braun."

„Tag, Herr Müller, Tag, Frau Braun, bitte setzen Sie sich.

Schön, dass Sie meinen Fall übernehmen wollen. Aber ich muss Sie bitten, alles, was ich Ihnen jetzt sage, absolut vertraulich zu behandeln. Haben Sie heute früh Zeitung gelesen?"

„Meinen Sie die Sache mit dem Rocksänger Udo Buchental?", fragt Bea.

„Ja, ich bin sein Agent."

Bea Braun sieht Müller an und sagt: „Na, was sagen Sie jetzt?"

„Hm, Herr Schreier, wie können wir Ihnen helfen? Ich nehme an, Sie wollen, dass wir Ihren Sänger finden, nicht wahr?"

„Richtig! Udos Schallplattenfirma hat mich damit beauftragt. Sie erhalten Ihr Honorar von RICKYRECORDS. Der Direktor und Besitzer heißt Ricky Berg. Hier, seine Adresse." Schreier gibt Müller eine Visitenkarte.

„O.k., danke. Und jetzt erzählen Sie bitte. Wann haben Sie Udo zum letzten Mal gesehen?"

„Gestern Vormittag. Wir waren zusammen im Plattenstudio und haben dort einen neuen Song aufgenommen. Alles war ganz normal. So gegen 11 Uhr sagte Udo zu mir: ‚Du, ich gehe mal schnell Zigaretten holen.' Ich sagte zu ihm: ‚Das kann ich doch für dich machen', aber er wollte nicht. Tja, und dann war er weg und kam nicht wieder."

Müller sagt: „Ich brauche die Adresse des Tonstudios. Ich muss mit den Leuten dort reden. Hatte Udo Buchental Feinde?"

Schreier lacht nervös. „Im Showgeschäft hat jeder Feinde, wenn er erfolgreich ist. Seit Udo solo auftritt, hat er Erfolg und auch Feinde. Früher war er Sänger in einer Bluesband. Dort habe ich ihn entdeckt. Aber ich wollte nicht die Gruppe, ich wollte ihn. Das war meine Bedingung. Und ich wollte keinen Blues, sondern leichte Popmusik. Blues verkauft sich nicht."

Müller macht sich Notizen. Er fragt: „Wie heißt seine alte Band? Wo kann ich diese Leute finden?"

„Die Gruppe nennt sich *BBB*, das bedeutet *BERLIN BLUES BAND*. Sie spielen zur Zeit im ‚Quasimodo'[2] in der Kantstraße."

„Hat Udo eigentlich eine Freundin?", fragt Bea Braun neugierig.

„Ja, allerdings ist das nicht öffentlich bekannt. Die Fans mögen keine Idole, die Freundinnen haben. Sie heißt Claudia Hell. Sie können sie in der Wohnung von Udo erreichen. Hier ist die Telefonnummer und die Adresse."

Schreier gibt Müller einen Zettel. „Und bitte: Alles muss äußerst diskret behandelt werden. Wenn Sie noch weitere Fragen haben, rufen Sie mich an. Hier ist meine Nummer. Ich muss jetzt leider weg. Ich wünsche guten Appetit.

Auf Wiederseh'n."
Schreier steht auf, gibt den beiden die Hand und geht.

„Jetzt werden wir berühmt! Ich habe es gewusst. Das ist der tollste Fall, den wir bisher gehabt haben. Super!" Bea Braun ist begeistert.
„Jetzt werden wir erst mal in Ruhe essen, Bea. Danach gehen wir ins Büro und besprechen das Ganze. Hier, die Speisekarte. Ich glaube, ich nehme Eisbein mit Sauerkraut."[3]

Klaus Schreier
Musikagent

Büro: Victoria-Luise-Platz 3
10777 Berlin
Tel. 23 34 49
Privat: Otto-Suhr-Allee 121
10585 Berlin
Tel. 543 24 24

3

Während des Essens ist Bea ziemlich sauer auf Müller. So ein wichtiger Fall, und ihr Chef denkt nur ans Essen! Aber es ist unmöglich, mit ihm über den neuen Auftrag zu reden. Erst im Büro ist Müller bereit, wieder zu arbeiten.

„Also, Bea, jetzt machen wir eine Liste und dann geht's an die Arbeit. Was wissen wir bis jetzt?

Erstens: Der Agent von Udo hat ihn entdeckt und ihn an die Plattenfirma vermittelt.

Zweitens: Udo hat eine Freundin. Die müssen wir kennen lernen.

Drittens: Udo war früher Bluessänger in einer Gruppe. Wir müssen die Gruppe finden und uns mit den Musikern unterhalten. Vielleicht sind sie sauer auf Udo.

Viertens: Die Plattenfirma und das Tonstudio: Dort müssen wir nach den Leuten fragen, die mit Udo zusammengearbeitet haben.

Sonst noch etwas?"

„Der Agent gefällt mir nicht. Ziemlich arrogant! Wir müssen mehr über ihn wissen."

„Nur weil er arrogant ist, ist er doch nicht verdächtig! Außerdem ist er schließlich unser Auftraggeber", antwortet Müller.

„Nein, Auftraggeber ist die Plattenfirma. Dieser Mann gefällt mir nicht. Ich habe einen Instinkt für so etwas, glauben Sie mir."

„Instinkt oder nicht, das ist egal. Wir müssen systematisch arbeiten, Bea. Ich schlage vor, wir teilen uns die Arbeit. Gefällt Ihnen Bluesmusik? Mir schon. Also, ich werde die Bluesmusiker besuchen. Mal sehen, was die mir so erzählen. Außerdem werde ich zu dieser Plattenfirma gehen. Da kann ich dann gleich auch über das Honorar verhandeln. Was meinen Sie, wollen Sie die Freundin von Udo Buchental besuchen? Da können Sie dann so von Frau zu Frau reden, Sie verstehen schon, was ich meine ...?"

„Einverstanden. Und außerdem kann ich noch das Tonstudio besuchen. Ich war noch nie in einem Tonstudio. Das ist sicher ziemlich spannend. Haben Sie die Adressen noch?"

Müller legt seine eigenen Notizen und die verschiedenen
Zettel, die ihm Herr Schreier gab, auf den Tisch.

4

Am Abend geht Müller ins ‚Quasimodo'. Er kennt das
Lokal noch aus seiner Studentenzeit. Damals war das ‚Quasi' ein beliebter Treffpunkt für alle, die gern Livemusik
hören wollten. Damals, vor über 20 Jahren ... Er war schon
lange nicht mehr dort. Neugierig betritt er das Lokal. An der
Eingangstür hängt ein Plakat.

Es sind nur wenige Gäste im Lokal. An der Bar stehen ein paar Männer. Die Bühne ist noch leer. Müller geht an die Bar.

„Ein Bier, bitte!" Die Bedienung stellt ihm ein Glas hin.

„Entschuldigen Sie", sagt er zur Kellnerin, „ich möchte gern mit den Leuten von der Bluesband sprechen."

„Sind Sie von der Presse oder von der Polizei?", fragt ihn ein Mann, der neben ihm steht. „Ich bin Johnny, ich spiele Bass in der BBB. Was wollen Sie?"

„Ich bin weder von der Presse noch von der Polizei. Ich möchte mit Ihrer Band über Udo Buchental sprechen. Ich bin Privatdetektiv."

„Udo? Ja, da kann ich Ihnen viel erzählen. Haben Sie etwas Zeit? Wir müssen gleich anfangen zu spielen, aber wenn Sie wollen, können wir uns danach unterhalten."

Johnny dreht sich um und geht in einen Raum hinter der Theke. Nach fünf Minuten stehen die Musiker auf der Bühne und beginnen zu spielen. Inzwischen sind noch ein paar neue Gäste gekommen. Das Lokal ist nur halb voll.

Die Musik gefällt Müller ausgezeichnet. ‚Das ist noch richtige Musik' denkt er, ‚nicht so blödes Disko-Zeug.' Die BBB spielt Stücke von Muddy Waters, John Mayall und anderen englischen und amerikanischen Blueskomponisten,

aber auch einige eigene Stücke. Ein Song heißt „Mauer-
Blues" und beschreibt Berlin vor dem Fall der Mauer⁴.

> *Mit der Mauer konnte ich leben*
> *Da gab es noch schwarz und weiß*
> *Da wusste ich, was gut war und schlecht war*
> *Heute sehe ich alles nur noch grau in grau*
> *ist alles nur noch grau*
> *Oh Mann, ist alles nur noch grau.*

5

Nach der Vorstellung setzen sich die Musiker an Müllers
Tisch. Johnny, der Bassist, stellt die anderen Musiker vor:
„Das ist Peet, unser Schlagzeuger. Er kennt Udo seit der
Schule, also immerhin schon 15 Jahre. Frank, unser Gitar-
rist, ist seit 10 Jahren bei uns. Kalle spielt Klavier und
Orgel und singt auch ganz gut. Er ist neu, kam als Ersatz
für Udo. Und jetzt kannst du fragen, was du willst. Äh, Sie
können fragen. Entschuldigung, aber unter uns Musikern
sagen wir lieber ,du' zueinander.⁵"
„Dann können wir uns ja duzen. Ist zwar schon lange her,
dass ich Musik gemacht habe, aber ich spielte früher auch
mal in einer Bluesband", sagt Müller.
„Was ich vor allem wissen möchte: Warum habt ihr euch
damals getrennt, Udo und die Band? Kennt ihr seinen
Agenten, Herrn Schreier? Kennt ihr die Freundin von Udo?
Wann habt ihr Udo zum letzten Mal gesehen? Habt ihr eine
Ahnung, wo Udo sein könnte?"

Die Musiker erzählen Müller, wie sie vor 15 Jahren zusammen angefangen haben. Peet, Johnny, Frank und Udo waren

ein festes Team. Die ersten Jahre waren sehr hart. Es gab damals kaum Kneipen mit Livemusik. Es gab kaum Aufträge, sie hatten alle kein Geld. Bluesmusik war nie sehr beliebt in Deutschland. Manchmal spielten sie in Kneipen für amerikanische GIs oder englische Armee-angehörige.[6]

In den letzten Jahren ging es ein bisschen besser, aber zum Leben war es immer noch zu wenig. Trotzdem war die Stimmung in der Band immer super. Die Musiker hatten viel Spaß zusammen, bis eines Tages, etwa vor zwei Jahren, Schreier und seine Freundin Claudia Hell auf-tauchten. Schreier erzählte viel von der großen Karriere, er wollte Udo berühmt machen. Und Udo verliebte sich in die Freundin von Schreier.

„Moment mal", unterbricht Müller, „Claudia war die Freun-din von Schreier und ist jetzt die Freundin von Udo?"

„Na klar! Diese Claudia ist richtig auf Udo losgegangen. Er wollte zuerst gar nichts von ihr", sagt Peet.

Die Musiker erzählen weiter. Schreier und Claudia Hell haben Udo überredet, die Band zu verlassen. Dann musste sich Udo andere Kleidung kaufen, die Haare kurz schnei-den lassen, seinen Bart abrasieren und schließlich musste er andere Lieder singen. Kurze Zeit später hat Schreier ein Treffen mit Ricky Berg organisiert. Berg hat dann mit Udo und Schreier einen Vertrag geschlossen.

„Er hat Udo gekauft, mit Leib und Seele gekauft!", sagt Johnny.

Johnny erzählt weiter, wie Udo die ersten Plattenaufnah-men gemacht hat und wie sie dann alle zusammen gefeiert haben. Claudia Hell und Klaus Schreier wollten nicht, dass Udo sich weiter mit den alten Freunden trifft. Sie meinten, das schade seiner Karriere. Aber Udo ist immer in Kontakt mit seinen Freunden geblieben.

„Und wann habt ihr ihn zum letzten Mal gesehen?", fragt Müller.
„Vorgestern". Wir haben uns fast die ganze Nacht unterhalten", sagt Peet.
„Und? Gab es etwas Besonderes? War er nervös? Hat er etwas erzählt? Wollte er vielleicht verreisen?"
„Was Besonderes? Na, ich weiß nicht ... vielleicht doch. Er sagte mir, dass er ziemlich viele Probleme mit Schreier hat. Und mit seiner Freundin hatte er auch Ärger."
„Und worüber habt ihr euch unterhalten?"
„Na ja, also, das dürfen wir nicht verraten. Das ist streng geheim", sagt Johnny.
„Wie bitte?", fragt Helmut Müller. „Was ist denn jetzt los? Wieso geheim?"
„Wir haben Udo versprochen, nichts zu verraten. Tut mir Leid. Wir können wirklich nichts sagen."

Jetzt ist Müller ziemlich sauer. Wie soll er einen Rocksänger finden, wenn seine besten Freunde ihm nicht helfen?
„Frag doch mal Ricky Berg. Vielleicht kann er dir was erzählen", sagt Johnny. „Auf jeden Fall gebe ich dir meine Telefonnummer. Kannst mich ja anrufen, wenn du willst."

Müller trinkt noch ein Bier mit den Musikern, dann geht er nach Hause.

6

Als Helmut Müller am nächsten Morgen die Zeitung aufschlägt, ist er sehr überrascht:

Wo ist Rocksänger?
Privatdetektiv sucht Udo B.

Berlin. Der Rocksänger Udo Buchental bleibt weiter verschwunden. Seine Plattenfirma, RICKYRECORDS, hat den Privatdetektiv Helmut Müller mit dem Fall beauftragt. Der Besitzer von RICKYRECORDS, Ricky Berg, und Udos Agent, Klaus Schreier, wollten gestern Nachmittag jedoch keine weiteren Auskünfte geben.

Im Büro von Helmut Müller klingelt den ganzen Vormittag das Telefon. Journalisten von Tageszeitungen und Musikzeitschriften wollen wissen, ob der Detektiv schon eine Spur hat.

„Chef, Sie müssen unbedingt ein Interview geben", sagt Bea Braun. „Um elf Uhr kommt ein Reporter von ‚HALLO'. Er will auch ein Foto von Ihnen machen."

„Was? Kommt nicht in Frage. Auf keinen Fall. Ich gebe kein Interview und Fotos gibt es auch nicht. So ein Blödsinn. Warum hat dieser Ricky Berg das überhaupt der Presse erzählt?"

Müller ist wütend. So kann man doch nicht arbeiten. Wie soll er den Sänger finden, wenn die ganze Presse hinter ihm herrennt? Zu Bea sagt er:

„Ich gehe jetzt sofort zu dieser Plattenfirma und Sie gehen jetzt am besten ins Tonstudio und fragen die Leute dort. Ab elf Uhr ist unser Büro geschlossen. Ich will keine Reporter hier haben, wirklich nicht!"

Bea ist beleidigt. „Einmal gibt es die Chance, dass wir berühmt werden, und was machen Sie? Sie verschwinden einfach! Ich wollte jetzt zum Friseur gehen, damit wir auf dem Foto gut aussehen."

„Bitte, Bea, denken Sie doch mal nach. Wenn wir mit Foto in der Zeitung sind, bekommen wir doch keine weiteren Aufträge mehr. Dann kennt uns doch jeder. Unser Beruf erfordert Diskretion! Und wenn wir diesen Fall nicht lösen, bekommen wir erst recht keine Aufträge mehr! Also, zuerst die Arbeit, dann das Vergnügen. Apropos Arbeit: Wie war es gestern bei Udos Freundin?"

Bea erzählt von ihrem Treffen mit Claudia Hell:

„Also, Claudia und Udo, das war Liebe auf den ersten Blick. Das hat mir Frau Hell erzählt. Sie war sehr beunruhigt und den Tränen nahe. Sie sprach von großen Zukunftsplänen. Ich habe gefragt, was für Pläne, aber sie wollte mir nichts davon erzählen."

„Merkwürdig. Genau wie die Musiker. Irgendetwas stimmt da nicht. Vielleicht sagt uns dieser Ricky Berg etwas. Jetzt gehe ich zu ihm und Sie besuchen mal das Tonstudio. Um drei Uhr treffen wir uns wieder hier, o.k.?"

„O.k., Chef. Ich war noch nie in einem Tonstudio. Ich bin sehr gespannt. Also, bis heute Nachmittag!"

7

Im Tonstudio VIELHARMONIE sind alle Leute sehr nett zu Bea Braun. Ein Toningenieur führt sie in das Aufnahmestudio, in dem Udo Buchental zuletzt gearbeitet hat. An den Wänden hängen Plakate von vielen bekannten Sängern und Sängerinnen. In den Regalen liegen noch andere Plakate, Bänder und Kassetten. Bea nimmt eine Kassette aus dem Regal.
Schnell steckt Bea die Kassette in ihre Handtasche. Der Toningenieur hat nichts bemerkt. Bea fragt ihn, ob es bei den letzten Aufnahmen etwas Besonderes gegeben hat, ob sich Udo und sein Agent gestritten haben, ob er Udos Freundin kennt. Aber der Toningenieur sagt nichts. Jedenfalls kann oder will er Bea nicht helfen.

Nachdem sie sich verabschiedet hat, fährt Bea mit dem Taxi in ihre Wohnung. Dort hat sie eine Stereoanlage. Sie legt die Kassette in den Recorder und schaltet den Verstärker an.

Zuerst ist sie etwas enttäuscht. Das ist zwar die Stimme von Udo, aber die Musik ist anders als alle anderen Hits, die sie bisher von Udo gehört hat. Udo singt auch nicht so schön weich wie sonst und statt Orchesterbegleitung gibt es nur ein paar Instrumente: Gitarre, Klavier, Bass und Schlagzeug. Aber nach ein paar Takten gefällt ihr die Musik. Sie klingt echt, direkt, rau, nicht so süßlich wie die anderen Lieder von Udo.

‚Komisch', denkt Bea. ‚Irgendetwas stimmt hier nicht.' Sie sieht noch mal auf das Etikett der Kassette. UCR? Was bedeutet das? Und das Datum! Die Musik hat Udo am Tag vor seinem Verschwinden aufgenommen. Merkwürdig, merkwürdig.

Sie steckt die Kassette wieder in ihre Handtasche. Sie schaut auf die Uhr: Halb eins. Sie geht in die Küche und macht sich etwas zu essen. Um halb drei fährt sie ins Büro.

8

Helmut Müller steht vor dem Gebäude von RICKY-RECORDS. Es ist eine Villa im Stil der zwanziger Jahre in Dahlem, einem vornehmen Berliner Viertel. Er klingelt. Aus der Sprechanlage kommt eine Stimme:
„Ja bitte, Sie wünschen?"
„Ich möchte mit Herrn Berg sprechen. Mein Name ist Müller, Privatdetektiv Müller."

Mit einem Summton öffnet sich die Tür. Müller betritt eine große Empfangshalle, in der ihn eine junge Frau begrüßt. „Guten Tag, Herr Müller. Herr Berg erwartet Sie." Dann steht Müller in einem großen Büro.

„Sie sind also der Privatdetektiv! Guten Tag! Ich bin Ricky Berg. Sie können einfach Ricky zu mir sagen. Alle sagen Ricky zu mir. Setzen Sie sich bitte."

Ricky Berg sieht aus wie ein Filmstar aus Hollywood. Braun gebrannt, elegant gekleidet, groß und mit einem strahlenden Lächeln, das Müller an Zahnpastareklame erinnert.

„Guten Tag, Herr Berg, äh, Ricky. Tja, ich wollte mich gern ein bisschen mit Ihnen unterhalten. Ich habe da einige Fragen. Aber zunächst möchte ich mich für das Vertrauen bedanken, das Sie meiner Agentur entgegenbringen."

„Schon gut, schon gut. Wenn Sie damit das Honorar meinen, so ist das kein Problem. Ich zahle Ihnen fünfhundert pro Tag plus Spesen, einverstanden? Das ist mir der Spaß wert, ha, ha, ha! Und nun fragen Sie, mein Lieber, fragen Sie!"

Müller ist nervös. Das Honorar ist phantastisch, aber warum lacht dieser Mensch so? Warum ist es komisch, wenn jemand verschwindet? Aber vielleicht sind die Leute im Showbusiness so ...

„Tja, äh, vielen Dank. Also, wie erklären Sie sich das Verschwinden von Udo Buchental?"

„Keine Ahnung, mein Lieber, keine Ahnung. Deshalb sind Sie ja hier, um das rauszufinden, nicht wahr?" Der Produzent lacht wieder. Er scheint sich überhaupt keine Sorgen zu machen, denkt Müller.

„Haben Sie in letzter Zeit irgendwelche größeren Geldsummen an Udo gezahlt? Als Voraushonorar oder so? Vielleicht gibt es hier ein Motiv", sagt Müller.

„Nicht schlecht, nicht schlecht, Herr Detektiv. Ja, wir haben

vor ein paar Tagen einen neuen Vertrag geschlossen zu einem neuen Projekt. Dazu darf ich Ihnen aber nichts verraten. Geschäftsgeheimnis, verstehen Sie?"

Müller ist frustriert. Schon wieder diese Geheimnistuerei. Zuerst die Musiker, dann Udos Freundin, jetzt auch noch der Plattenproduzent.

„Na ja, Herr Berg, Ricky, meine ich, das ist natürlich verständlich, aber etwas schwierig für mich!"

„Nun gut, dann will ich Ihnen etwas sagen: Ich habe Udo vor vier Tagen fünfhunderttausend Mark überwiesen. Vorschuss auf ein neues Projekt. Aber mehr kann ich wirklich nicht sagen."

„Und was ist das für ein Projekt?"

„Tut mir Leid, ich kann Ihnen dazu nichts sagen. Es ist ein Gemeinschaftsprojekt von drei Partnern. Udo ist ein Partner. Ich bin ebenfalls beteiligt. Aber mehr kann ich wirklich nicht sagen."

„Und der Dritte ist wohl Udos Agent, oder?", fragt Müller.

„Pech, Herr Detektiv, diesmal haben Sie falsch geraten. Herr Schreier ist nicht mit dabei."

„Also kann hier das Motiv sein. Vielleicht hat Schreier etwas von diesem Projekt erfahren und sich mit Udo gestritten. Dann ist Udo verschwunden. Was meinen Sie dazu, Herr Berg?"

„Ricky, mein Lieber, sagen Sie ruhig Ricky zu mir. Ich glaube nicht, dass Schreier etwas damit zu tun hat. Aber das ist ja, wie gesagt, Ihre Aufgabe, da etwas herauszufinden."

Müller ist wirklich sauer. Dieser Ricky Berg weiß doch viel mehr, als er sagt. Warum beauftragt er ein Detektivbüro, Udo Buchental zu suchen? Müller ist sicher, dass Berg kein Interesse hat, Udo zu finden. Vielleicht weiß Berg sogar, wo Udo ist.

Nachdem er sich von dem Plattenproduzenten verabschiedet hat, geht er erst einmal essen. Hier in Dahlem kennt er ein sehr gutes Restaurant. Französische Küche. Der Koch ist ein guter Freund von ihm.

Er bestellt sich eine Geflügelleberpastete, dann Kalbsbries[7] in Kapernsoße und schließlich Birnenkompott mit Vanilleeis und heißer Schokoladensauce. Dazu ein Fläschchen Elsässer Riesling[8]. Während des Essens kann er in Ruhe nachdenken.

Wer ist wohl der dritte Partner in diesem geheimnisvollen Projekt? Was für ein Projekt kann das sein? Was haben die Musiker damit zu tun? Und Udos Freundin? Welche Rolle spielt dieser Schreier dabei? Müller findet einfach keine Lösung. Hoffentlich hat Bea etwas im Tonstudio erfahren.

9

Als Müller um drei Uhr wieder ins Büro geht, steht eine Gruppe von Reportern vor der Tür, die ihn mit Fragen bestürmt:

„Herr Müller, können Sie uns etwas zum Verschwinden von Udo Buchental sagen? Haben Sie schon eine Spur? Wurde Udo entführt? Gibt es ein Lebenszeichen von ihm?"

Müller weiß nicht, was er sagen soll. Hat Bea den Reportern schon etwas erzählt?

„Nun, meine Herren, leider kann ich Ihnen keine Auskünfte geben. Wir sind mitten in der Untersuchung. Sie müssen verstehen, unser Beruf erfordert Diskretion, ich, äh, also, äh, tut mir Leid."

Schnell schließt er die Bürotür. Er geht in sein Zimmer. Dort sitzt Bea und arbeitet.

„Haben Sie mit den Reportern gesprochen? Ich habe nichts erzählt!", sagt Bea.

„Gut, ich auch nicht. Haben Sie etwas im Tonstudio erfahren?"

„Nicht viel. Aber ich habe etwas gefunden. Hier, sehen Sie mal." Bea gibt ihrem Chef die Kassette und erzählt ihm von der Musik. „Das ist nicht der Udo Buchental, den wir alle kennen, das ist etwas ganz Neues."

„Vielleicht ist das das neue geheime Projekt. Wie heißt die Plattenfirma hier? UCR-Records? U? Das könnte Udo heißen."

„Und C steht für Claudia. So heißt doch seine Freundin!"

„Richtig. Und R heißt Ricky. Ich habe Ihnen ja noch gar nicht erzählt, was mir dieser Ricky Berg gesagt hat. Er sprach von einem geheimen Projekt mit drei Partnern. Jetzt haben wir's: Udo, Claudia und Ricky! UCR! Diese drei haben eine eigene Firma gegründet und produzieren den neuen Udo! Udo goes Blues! Das ist es. Und die Musik auf der Kassette ist natürlich die BBB, die Berlin Blues Band. Die Musiker haben mir doch erzählt, dass sie die ganze Nacht mit Udo gesprochen haben. Das ist eine Lüge. Die haben nicht gesprochen, die haben Musik gemacht. Deshalb wollten sie mir auch nichts Genaues sagen!"

„Und warum ist dann Udo verschwunden?"

„Das erfahren wir auch noch. Am besten gehen Sie heute Abend noch einmal zu Claudia und ich besuche morgen Ricky Berg. Heute Abend treffe ich mich mit den Musikern. Vielleicht könnten Sie morgen auch ein Treffen mit dem Agenten verabreden? Ach, und geben Sie mir doch bitte die Kassette. Ich möche sie mir auch gern anhören."

10

Am nächsten Tag sind die Zeitungen wieder voll mit Berichten über Udo Buchental. Einige beginnen mit der Lebensgeschichte von Udo, andere spekulieren über sein Verschwinden. Die ‚Tageszeitung' schreibt, dass möglicherweise ein Krieg verschiedener Plattenproduzenten dahinter steckt. Die ‚Berliner Zeitung' schreibt, dass Udo kurz vor seinem Verschwinden 500.000 DM von seinem Konto abgehoben hat. So viel hat schon lange nicht mehr über Udo in den Zeitungen gestanden.

Im Detektivbüro sitzt Helmut Müller mit seiner Assistentin. Die beiden erzählen, was gestern Abend noch passiert ist. Müller hat den Musikern die Kassette gezeigt. Johnny hat zugegeben, dass die BBB mit Udo dieses Band aufgenommen hat, aber sonst hat er nichts gesagt. Bea hatte leider Pech. Claudia Hell war den ganzen Abend nicht zu finden.

„Haben Sie den Agenten schon erreicht, Bea?"
„Nein, aber ich probiere es gleich noch mal."
„Wenn Sie ihn erreichen, verbinden Sie mich bitte. Ich möchte mit ihm sprechen. Und probieren Sie weiter, Claudia Hell zu finden."
Eine Stunde später hat Bea Klaus Schreier am Telefon.
„Müller hier, guten Tag, Herr Schreier. Wie geht's? ... Ja, doch, wir sind schon ein bisschen weitergekommen ... ja, mit dem habe ich auch gesprochen. Sagen Sie, was wissen Sie über dieses neue Projekt?
Scheint ja sehr geheim zu sein ... Ach, Sie sind nicht dabei? Udo hat den Vertrag mit Ihnen aufgelöst? ... Na, das kann ich mir vorstellen, dass Sie sauer sind ... Ja, ja, gut, auf Wiederhören."
Müller legt den Hörer auf und ruft: „Bea, Bea, kommen Sie, schnell!"
Bea kommt in Müllers Zimmer. „Was gibt's?"
„Das ist interessant, Bea. Stellen Sie sich vor, Schreier ist gar nicht mehr der Agent von Buchental. Udo hat ihm gekündigt! Udo hat die neue Firma mit Claudia Hell und Ricky Berg gegründet und deshalb den Vertrag mit dem Agenten aufgelöst. Der Schreier ist natürlich sauer. Udo hat ihm einen Brief geschrieben und mitgeteilt, dass Schreier ab sofort gekündigt ist!"
„Moment mal, einen Brief geschrieben? Wie kann Udo einen Brief schreiben, wenn er verschwunden ist?", fragt Bea.

„Ja, das stimmt. Zumindest wissen wir jetzt, dass Udo nicht tot ist. Wir müssen Udo finden, Bea. Bitte rufen Sie doch weiter bei Claudia Hell an und versuchen Sie, bei RICKY-RECORDS einen Termin für mich zu vereinbaren. Ich habe da noch eine andere Idee. Ich rufe mal bei einem Freund an, der vielleicht etwas über die Firma UCR-Records weiß."

11

Gegen 12 Uhr erhält Müller ein Fax von seinem Freund.

„Na, bitte, jetzt wissen wir es genau, Bea. Jetzt müssen wir mit Ricky Berg sprechen. Haben Sie bei der Firma RICKY-RECORDS angerufen?"

„Ja, Chef, aber wir sollen erst morgen Vormittag kommen. Heute ist Herr Berg nicht zu erreichen."

„Und Claudia Hell?"

„Leider auch nix. Es meldet sich niemand in der Wohnung."

„Na, dann eben morgen."

fax   fax   fax

an: Detektivbüro Helmut Müller
       fax Nr. 223 3435

von: Jürgen Schneider,
       Handelsregister[9] Berlin
       fax Nr. 555 34 34
falls fax unlesbar, bitte anrufen
Nr. 555 26 67

Lieber Helmut,
hier die Informationen zu UCR-Records:
Datum der Firmengründung: 1.7.
Es handelt sich um eine GmbH[10] mit einem
Stammkapital von 500.000 DM.
Die Inhaber sind:
Ricky Berg, 49 %
Udo Buchental, 49 %
Claudia Hell, 2 %
Geschäftsführer: Claudia Hell

Beste Grüße,
dein
Jürgen

Wie jeden Tag beginnen Müller und Bea Braun den Tag im Büro mit der Zeitungslektüre. Wieder schreiben alle Zeitungen über Udo. Der ‚Tagesspiegel' meldet heute, dass Udo eine neue Tournee geplant hatte, und die ‚Bildzeitung' schreibt, dass Udo mit der Berlin Blues Band ein Comeback starten wollte.

„So viele Zeitungsartikel über Udo! Sicher hat er auch viel mehr Platten als sonst verkauft in den letzten Tagen", sagt Müller.
„Übrigens, die Sekretärin von Ricky Berg hat angerufen, Sie sollen um 11 Uhr bei RICKYRECORDS sein."
„Wollen Sie nicht mitkommen, Bea? Dann können Sie auch diesen Herrn Berg kennen lernen."
„Oh ja, gern."

Kurz nach elf sind die beiden im Büro von Ricky Berg. Der Plattenproduzent ist sehr fröhlich und lacht die ganze Zeit.

„Na, Herr Detektiv, wie weit sind Sie mit dem Fall Buchental?"
„Wir wissen inzwischen eine ganze Menge, Herr Berg, äh, Ricky. Sie haben mit Udo und Claudia Hell die Firma UCR-Records gegründet. Diese Firma ist der Produzent von ‚Udo goes Blues', der neuen LP von Udo Buchental und der Berlin Blues Band. Mit dieser Firma und der neuen Aufnahme wollen Sie das Image von Udo als Popsänger ändern und einen neuen Udo rausbringen, sozusagen einen neuen Marketing-Artikel. Bleibt nur die Frage, warum Udo verschwinden musste und wo er ist."
„Bravo, Herr Detektiv, bravo. Saubere Arbeit. Die letzten

beiden Fragen kann ich Ihnen beantworten. Einen Moment bitte."

Ricky Berg geht durch sein Büro und öffnet eine Tür. Er ruft:
„Komm her, mein Junge, komm her. Hier ist unser berühmter Detektiv und seine Assistentin, die beiden möchten dich gerne kennen lernen."
„Udo!", Bea Braun hat ihren Lieblingssänger sofort erkannt.

Müller ist sprachlos. „Ja, was machen Sie denn hier? Ich denke, Sie sind verschwunden? Was soll das alles bedeuten?"
Ricky Berg freut sich über die gelungene Überraschung und antwortet:
„Ja, mein lieber Detektiv, jetzt habe ich Ihnen die eine Frage beantwortet, nämlich ‚wo ist Udo?', und jetzt die zweite Frage ‚warum'?. Haben Sie in den letzten Tagen Zeitung gelesen? Natürlich, nicht wahr? So viel Publicity hatte Udo noch nie. Jeden Tag viele Berichte, jeden Tag haben wir mehr Schallplatten von Udo verkauft. Ganz Berlin will Udo sehen. Das nenne ich Marketing. Das nenne ich gute Pressearbeit. Das nenne ich Publicity. Wunderbar, wunderbar. Und jetzt kommt das Beste: In genau einer halben Stunde ist hier eine große Pressekonferenz! Da stellen wir Udo und seine neue Platte vor. Die Berlin Blues Band wird auch da sein, und natürlich Claudia Hell, die Chefin von unserer neuen Produktionsfirma UCR-Records. Na, was sagen Sie jetzt?"

Müller sagt nichts mehr. Das Ganze war also nur Theater. Diese Leute haben ihn nur benutzt als Teil einer Publicity-Kampagne. Wütend dreht sich Müller um und geht zur Tür.

„Halt, halt, mein Lieber. Nicht böse sein. Hier ist Ihr Scheck. Ich habe Ihr Honorar sogar verdoppelt, weil alles so gut geklappt hat."

Müller ist jetzt weniger sauer. Das Geld kann er natürlich gut gebrauchen. Bea ist überhaupt nicht sauer. Sie unterhält sich mit Udo und freut sich, dass sie mit einem Star ganz persönlich sprechen kann.

„Und wo ist Claudia Hell?", fragt Müller.

„Ja, das weiß ich auch nicht", antwortet Udo. „Wir waren gestern noch zusammen hier bei Ricky. Heute früh wollte sie noch zur Bank. Sie ist ja die Geschäftsführerin unserer neuen Firma. Aber sie müsste längst zurück sein."

Das Telefon auf dem Schreibtisch von Ricky Berg klingelt. Ricky nimmt den Hörer ab und sagt:

„Ja? ... Wer? Der Direktor der Bank? ... Ja, gut. Ricky Berg, ja bitte? ... Guten Tag ... Ja, ja, wir warten schon seit einiger Zeit auf Claudia ... Was hat sie? ... Das ganze Geld in bar? ... 500.000 DM? ... Oh nein! Einen Brief? Lesen Sie bitte vor! ... Ach du Sch...!"

ENDE

Landeskundliche Anmerkungen

1 Die Waldbühne ist eine große Freilichtbühne für etwa 20.000 Zuschauer in der Nähe des Olympiastadions. Dort gibt es Konzerte und auch Theateraufführungen.

2 Das „Quasimodo" in der Kantstraße, Nähe Bahnhof Zoo, war und ist eine der bekanntesten Musikkneipen Berlins für Rock, Blues und Jazz.

3 Eisbein ist ein traditionelles Berliner Gericht. Es ist eine Schweinshaxe, die nicht - wie in Bayern - gegrillt, sondern gekocht serviert wird. Dazu gibt es Kartoffelbrei und Sauerkraut.

4 Nach dem Fall der Mauer 1989 und der Wiedervereinigung Deutschlands 1990 hat sich der Charakter Berlins sehr verändert. Westberlin war früher eine künstliche Insel mitten in der DDR. Heute ist Berlin die größte Stadt Deutschlands.

5 Im Allgemeinen sagen junge Leute „du" zueinander. Im Berufsleben „siezt" man sich.

6 Deutschland war nach dem Ende des 2. Weltkrieges besetzt von Amerikanern, Franzosen und Engländern (in Westdeutschland und Westberlin) sowie von der Armee der UdSSR (in Ostberlin und der DDR).

7 Kalbsbries = innere Brustdrüse, gehört zu den Innereien (wie Leber, Hirn, Niere). Kalbsbries gilt als besonders feine Spezialität.

8 Elsässer Riesling ist ein trockener französischer Weißwein aus dem Elsass.

9 Jede Firmengründung in Deutschland muss im Handelsregister eingetragen werden, „registriert" werden.

10 GmbH = Gesellschaft mit beschränkter Haftung;
Form für kleine und mittlere Firmen. Große Firmen sind oft Aktiengesellschaften (AG).

Übungen und Tests

1. Zeitungsüberschriften

Eine Überschrift ist immer kurz, meistens ohne Artikel und ohne Verbformen. Versuchen Sie, zu folgenden Überschriften ganze Sätze zu schreiben:

Hund verschwunden - Besitzer: „Zahle 1000 DM Belohnung"

Unfall bei Nebel: 43 Verletzte

Australien: Hai tötet Surfer

_____

_____

_____

_____

_____

_____

_____

2. Jeder Detektiv hat seine Standardfragen an die Klienten. Hier ist Müllers Fragemuster. Versuchen Sie, erste Antworten aus dem Text zu finden:

WER? _____

WAS? _____

WANN? _____

WARUM? _____

WIE? _____

3. Hier sind noch einmal die Visitenkarte und Notizen von Helmut Müller. Leider haben sich beim Drucken einige Fehler eingeschlichen. Bitte korrigieren!

43

4. und 5. Die Berlin Blues Band: Wer spielt was, seit wann?

Der alte und der neue Udo – betrachten Sie die Zeichnungen und entscheiden Sie!

6. Haben Sie schon einen Verdacht? Schreiben Sie die Namen von allen Personen auf, die bisher in der Geschichte vorgekommen sind. Machen Sie ein + bei den verdächtigen Personen und ein - bei den unverdächtigen.

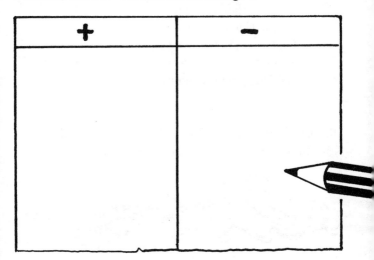

+	-

7. Pop oder Blues? Welche Art von Musik gefällt Ihnen besser? Hier ist eine Liste von Adjektiven, die zu der einen oder anderen Art von Musik passen. Ordnen Sie zu:

weich - rau - ruhig - sanft - ehrlich - direkt - schnulzig - angenehm - süßlich - echt - künstlich - ...

Pop	Blues

8. und 9. Müller und Bea Braun wollen die Fragen der Reporter nicht beantworten. Können Sie folgende Fragen beantworten?

> Gibt es schon eine Spur?
> Wurde Udo entführt?
> Gibt es ein Lebenszeichen von Udo?
> Stimmt es, dass Udo ein neues Projekt plant?
> Hat Udo eine Freundin?

10. Das Telefongespräch zwischen Müller und Schreier: Können Sie das ganze Gespräch aufschreiben?

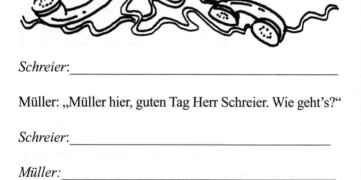

Schreier:_____

Müller: „Müller hier, guten Tag Herr Schreier. Wie geht's?"

Schreier:_____

*Müller:*_____

_____

_____

_____

11. und 12. Erfinden Sie Überschriften zu den Zeitungsartikeln in der „Bildzeitung" und im „Tagesspiegel".

Das letzte Telefongespräch: Können Sie das ganze Gespräch zwischen Ricky Berg und dem Bankdirektor rekonstruieren?